APOSTOLIC LETTER IN POLISH

DOES THIS EVANGELIZE?

YES, BUT IT IS NOT THE ONLY ELEMENT.
THE FIRST ELEMENT IS OUR RELATIONSHIP
WITH GOD; THAT IS WHAT SPEAKS
AND EXPLAINS THE FAITH TO OTHER PEOPLE.

SECOND TO EVANGELIZATION IS
ALSO GIVING WITNESS TO OUR FAITH.

AND FAR BEHIND ALL THIS IS THE HOW. WHICH
TRANSMISSION TOOL? THE QUALITY HAS
TO BE GOOD.
IT IS A VERY
IMPORTANT JOB. AND THAT'S WHERE ENCYCLICALS
AND ILLUSTRATED DOCUMENTS COME IN.

Ojcowskim sercem

APOSTOLIC LETTER IN POLISH

APOSTOLIC LETTER IN POLISH

PATRIS CORDE

PATRIS CORDE - OJCOWSKIM SERCEM:
TAK JÓZEF UMIŁOWAŁ JEZUSA,
NAZYWANEGO WE WSZYSTKICH CZTERECH EWANGELIACH
„SYNEM JÓZEFA”

WIEMY, ŻE BYŁ SKROMNYM CIEŚLĄ (POR. MT 13, 55),
ZARĘCZONYM Z DZIEWICĄ MARYJĄ (POR. MT 1, 18; ŁK 1, 27);
„CZŁOWIEKIEM SPRAWIEDLIWYM" (MT 1, 19),
ZAWSZE GOTOWYM
NA WYPEŁNIANIE WOLI BOGA OBJAWIAJĄCEJ SIĘ W
JEGO PRAWIE (POR. ŁK 2, 22.27.39) I
W CZTERECH SNACH (POR. MT 1, 20; 2, 13.19.22).

PO DŁUGIEJ I ŻMUDNEJ PODRÓŻY
Z NAZARETU DO BETLEJEM,
ZOBACZYŁ MESJASZA RODZĄCEGO SIĘ W STAJNI,
BO GDZIE INDZIEJ „NIE BYŁO DLA NICH MIEJSCA" (ŁK 2, 7).

MIAŁ ODWAGĘ PODJĄĆ SIĘ PRAWNEGO OJCOSTWA JEZUSA, KTÓREMU NADAŁ IMIĘ OBJAWIONE PRZEZ ANIOŁA:
„NADASZ IMIĘ JEZUS, ON BOWIEM ZBAWI SWÓJ LUD OD JEGO GRZECHÓW".

ABY BRONIĆ JEZUSA PRZED HERODEM, ZAMIESZKAŁ W EGIPCIE JAKO OBCY.

PO MARYI, MATCE BOŻEJ, ŻADEN ŚWIĘTY NIE ZAJMUJE W MAGISTERIUM PAPIESKIM TYLE MIEJSCA, CO JÓZEF, JEJ OBLUBIENIEC.

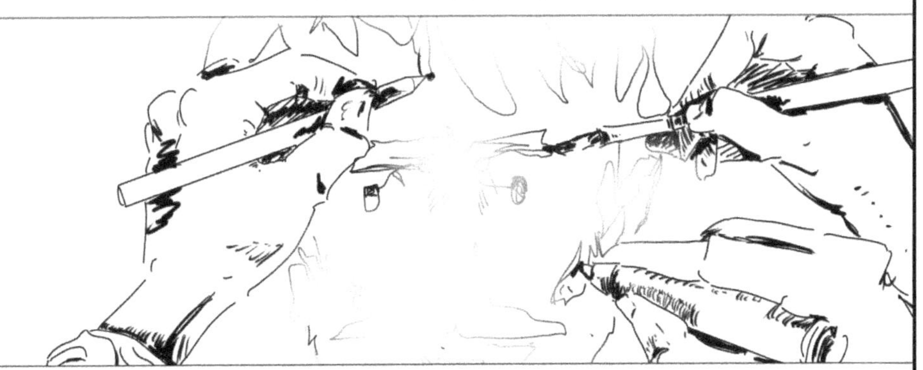

MOI POPRZEDNICY POGŁĘBILI ORĘDZIE ZAWARTE W KILKU DANYCH PRZEKAZANYCH PRZEZ EWANGELIĘ, ABY WYRAŹNIEJ PODKREŚLIĆ JEGO CENTRALNĄ ROLĘ W HISTORII ZBAWIENIA.

NASZE ŻYCIA SĄ TKANE I WPIERANE PRZEZ ZWYKŁE OSOBY – ZAZWYCZAJ ZAPOMINANE – KTÓRE NIE WYSTĘPUJĄ W TYTUŁACH GAZET I MAGAZYNÓW, ANI NA WIELKIEJ SCENIE OSTATNIEGO SHOW, LECZ NIEWĄTPLIWIE DZIŚ ZAPISUJĄ DECYDUJĄCE WYDARZENIA NA KARTACH NASZEJ HISTORII

ILEŻ OSÓB MODLI SIĘ, OFIAROWUJE
I WSTAWIA W INTENCJI DOBRA WSZYSTKICH

WSZYSCY MOGĄ ZNALEŹĆ W ŚW. JÓZEFIE, MĘŻU,
KTÓRY PRZECHODZI NIEZAUWAŻONY, CZŁOWIEKU
CODZIENNEJ OBECNOŚCI, DYSKRETNEJ I UKRYTEJ,
ORĘDOWNIKA, POMOCNIKA I PRZEWODNIKA W
CHWILACH TRUDNYCH.

OJCIEC UMIŁOWANY

OJCIEC CZUŁY

JÓZEF WIDZIAŁ, JAK JEZUS WZRASTAŁ Z DNIA NA DZIEŃ „W MĄDROŚCI, W LATACH I W ŁASCE U BOGA I U LUDZI".

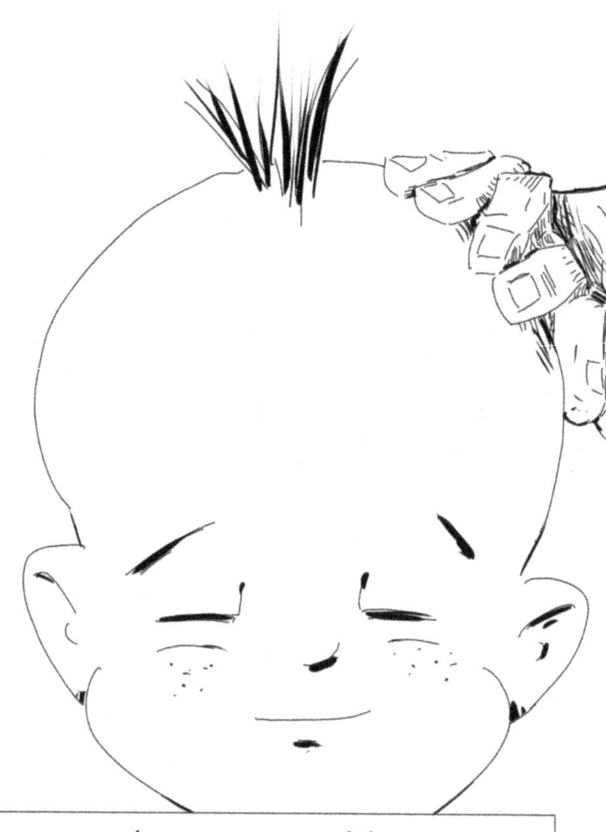

JEZUS WIDZIAŁ W JÓZEFIE CZUŁOŚĆ BOGA.

HISTORIA ZBAWIENIA WYPEŁNIA SIĘ „W NADZIEI, WBREW NADZIEI" POPRZEZ NASZE SŁABOŚCI.

07.11.2013
ZŁY SPRAWIA, ŻE PATRZYMY NA NASZĄ KRUCHOŚĆ Z OSĄDEM NEGATYWNYM, PODCZAS GDY DUCH Z CZUŁOŚCIĄ WYDOBYWA JĄ NA ŚWIATŁO DZIENNE. CZUŁOŚĆ JEST NAJLEPSZYM SPOSOBEM DOTYKANIA TEGO, CO W NAS KRUCHE.

TAKŻE POPRZEZ NIEPOKÓJ JÓZEFA PRZENIKA
WOLA BOGA, JEGO HISTORIA, JEGO PLAN.

CZASAMI CHCIELIBYŚMY MIEĆ WSZYSTKO
POD KONTROLĄ, ALE ON ZAWSZE MA SZERSZE SPOJRZENIE.

OJCIEC POSŁUSZNY

JÓZEF JEST GŁĘBOKO ZANIEPOKOJONY W OBLICZU
NIEWYTŁUMA-CZALNEJ
CIĄŻY MARYI: NIE CHCE JEJ „OSKARŻAĆ PUBLICZNIE",
ALE POSTANAWIA „ODDALIĆ JĄ POTAJEMNIE".

W PIERWSZYM ŚNIE ANIOŁ POMAGA MU ROZWIĄZAĆ
JEGO POWAŻNY DYLEMAT.

W DRUGIM ŚNIE ANIOŁ NAKAZUJE JÓZEFOWI: „WSTAŃ,
WEŹ DZIECIĘ I JEGO MATKĘ I UCHODŹ DO EGIPTU;
POZOSTAŃ TAM, AŻ CI POWIEM; BO HEROD BĘDZIE
SZUKAŁ DZIECIĘCIA, ABY JE ZGŁADZIĆ".

JÓZEF NIE WAHAŁ SIĘ, BYŁ POSŁUSZNY,
NIE ZASTANAWIAJĄC SIĘ NAD TRUDNOŚCIAMI,
KTÓRE NAPOTKA.

W KAŻDYCH OKOLICZNOŚCIACH SWOJEGO ŻYCIA
JÓZEF POTRAFIŁ WYPOWIEDZIEĆ SWOJE „FIAT", JAK
MARYJA PODCZAS ZWIASTOWANIA I JEZUS W GETSEMANI.

JÓZEF, JAKO GŁOWA RODZINY, UCZYŁ
JEZUSA, BY BYŁ PODDANY SWOIM RODZICOM,
ZGODNIE Z PRZYKAZANIEM BOŻYM.

OJCIEC PRZYJMUJĄCY

JÓZEF PRZYJĄŁ MARYJĘ NIE STAWIAJĄC
WARUNKÓW UPRZEDNICH.

ŻYCIE DUCHOWE, UKAZYWANE NAM PRZEZ JÓZEFA, NIE JEST DROGĄ, KTÓRA WYJAŚNIA, ALE DROGĄ, KTÓRA AKCEPTUJE.
JÓZEF NIE JEST CZŁOWIEKIEM BIERNIE ZREZYGNOWANYM. JEGO UCZESTNICTWO JEST MĘŻNE I ZNACZĄCE.

PODOBNIE, JAK BÓG POWIEDZIAŁ DO NASZEGO ŚWIĘTEGO: „JÓZEFIE, SYNU DAVIDA, NIE BÓJ SIĘ", ZDAJE SIĘ POWTARZAĆ TAKŻE I NAM: „NIE LĘKAJCIE SIĘ!".

BÓG MOŻE SPRAWIĆ, ŻE KWIATY ZACZNĄ
KIEŁKOWAĆ MIĘDZY SKAŁAMI.

WIARA, KTÓREJ UCZYŁ NAS CHRYSTUS, JEST RACZEJ TĄ WIARĄ,
KTÓRĄ WIDZIMY U ŚW. JÓZEFA, NIE SZUKAJĄCEGO DRÓG NA
SKRÓTY, ALE STAWIAJĄCEGO CZOŁA „Z OTWARTYMI OCZYMA”
TEMU, CO SIĘ JEMU PRZYTRAFIA, BIORĄC ZA
TO OSOBIŚCIE ODPOWIEDZIALNOŚĆ.

AKCEPTACJA JÓZEFA ZACHĘCA NAS DO AKCEPTACJI
INNYCH, BEZ
WYKLUCZENIA,

TAKIMI JAKIMI SĄ, ZASTRZEGAJĄC SZCZEGÓLNE
UMIŁOWANIE DLA SŁABYCH, PONIEWAŻ BÓG WYBIERA TO,
CO SŁABE, JEST „OJCEM DLA SIEROT I DLA WDÓW
OPIEKUNEM" I NAKAZUJE MIŁOWAĆ CUDZOZIEMCÓW.

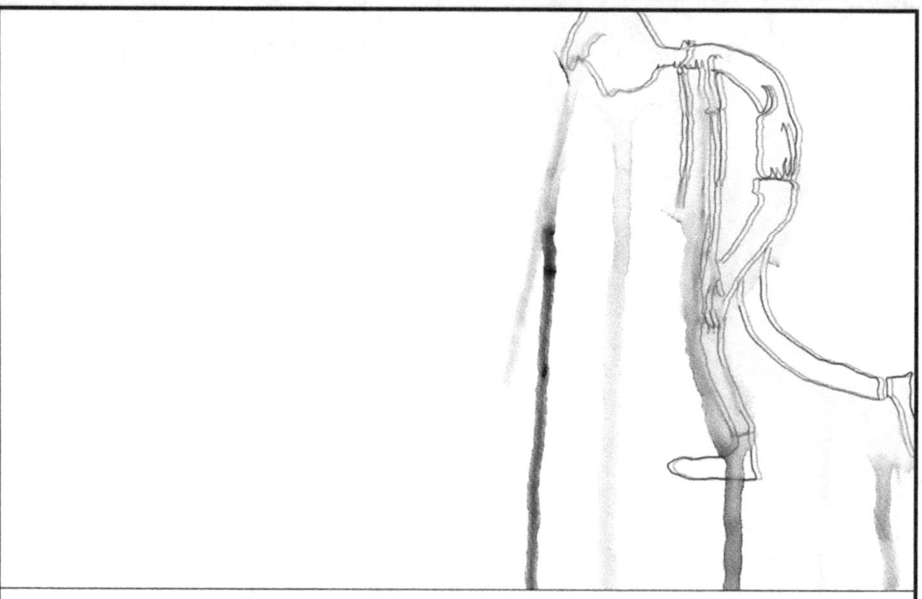

W OBLICZU TRUDNOŚCI MOŻNA BOWIEM ZATRZYMAĆ SIĘ I ZEJŚĆ Z POLA WALKI, LUB JAKOŚ COŚ WYMYŚLIĆ.

CZASAMI TO WŁAŚNIE TRUDNOŚCI WYDOBYWAJĄ Z KAŻDEGO Z NAS MOŻLIWOŚCI, O POSIADANIU KTÓRYCH NAWET NIE MIELIŚMY POJĘCIA.

TAKŻE NASZE ŻYCIE CZASEM ZDAJE SIĘ BYĆ ZDANE NA ŁASKĘ SILNYCH, ALE EWANGELIA MÓWI NAM, ŻE BÓG ZAWSZE POTRAFI OCALIĆ TO, CO SIĘ LICZY, POD WARUNKIEM, ŻE UŻYJEMY TEJ SAMEJ TWÓRCZEJ ODWAGI, CO CIEŚLA Z NAZARETU, KTÓRY POTRAFI PRZEKSZTAŁCIĆ PROBLEM W SZANSĘ, POKŁADAJĄC ZAWSZE UFNOŚĆ W OPATRZNOŚCI.

JEŚLI CZASAMI BÓG ZDAJE SIĘ NAM NIE POMAGAĆ,
NIE OZNACZA TO, ŻE NAS OPUŚCIŁ, ALE ŻE POKŁADA W NAS
UFNOŚĆ I W TYM, CO MOŻEMY ZAPLANOWAĆ,
WYMYŚLIĆ, ZNALEŹĆ.

EWANGELIA NIE PODAJE ŻADNYCH INFORMACJI NA TEMAT
TEGO, JAK DŁUGO MARYJA I JÓZEF POZOSTALI Z
DZIECIĄTKIEM W EGIPCIE. NA PEWNO JEDNAK MUSIELI JEŚĆ,
ZNALEŹĆ DOM, PRACĘ.

MUSIMY ZAWSZE ZADAWAĆ SOBIE PYTANIE,
CZY Z CAŁYCH SIŁ STRZEŻEMY JEZUSA I MARYI.

OD JÓZEFA MUSIMY NAUCZYĆ SIĘ TEJ SAMEJ TROSKI I
ODPOWIEDZIALNOŚCI: KOCHAĆ
DZIECIĘ I JEGO MATKĘ; KOCHAĆ
SAKRAMENTY I MIŁOSIERDZIE; KOCHAĆ KOŚCIÓŁ I UBOGICH.

ŚWIĘTY JÓZEF BYŁ CIEŚLĄ, KTÓRY UCZCIWIE
PRACOWAŁ, ABY ZAPEWNIĆ UTRZYMANIE SWOJEJ RODZINIE.

JAK MOGLIBYŚMY MÓWIĆ O GODNOŚCI LUDZKIEJ,
NIE STARAJĄC SIĘ, ABY WSZYSCY I KAŻDY Z OSOBNA MIELI
MOŻLIWOŚĆ GODNEGO UTRZYMANIA?

PRACA ŚWIĘTEGO JÓZEFA PRZYPOMINA NAM, ŻE
SAM BÓG, KTÓRY STAŁ SIĘ CZŁOWIEKIEM,
NIE POGARDZIŁ PRACĄ.

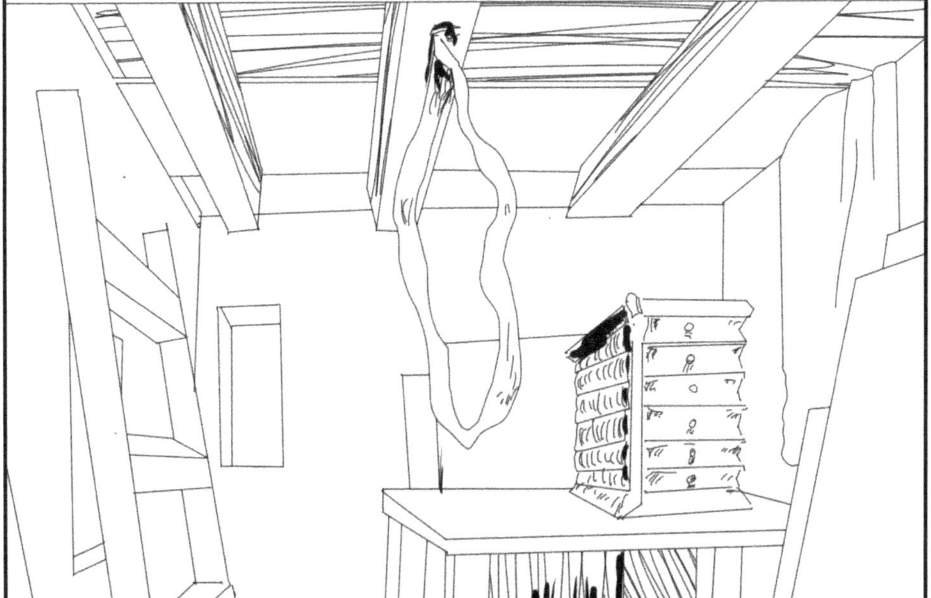

ŻADEN MŁODY, ŻADNA OSOBA, ŻADNA RODZINA BEZ PRACY!

OJCIEC W CIENIU

NIKT NIE RODZI SIĘ OJCEM, ALE STAJE SIĘ OJCEM.

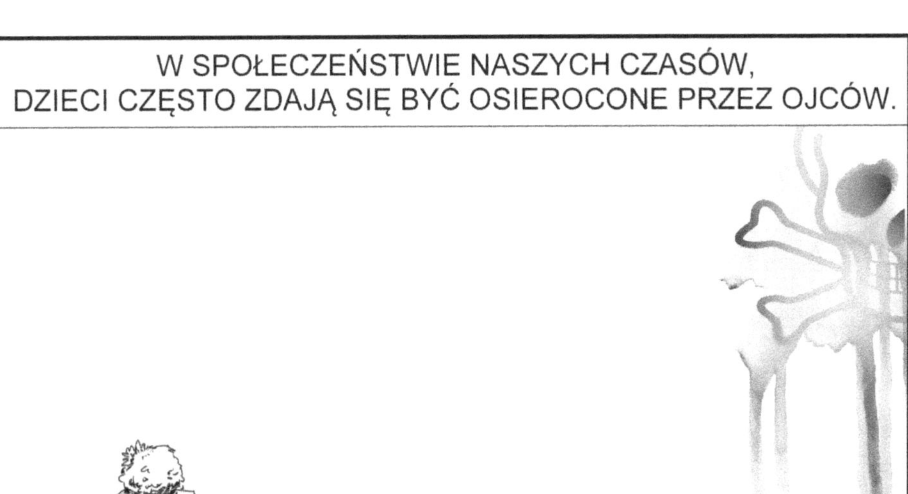

W SPOŁECZEŃSTWIE NASZYCH CZASÓW,
DZIECI CZĘSTO ZDAJĄ SIĘ BYĆ OSIEROCONE PRZEZ OJCÓW.

BYĆ OJCEM OZNACZA WPROWADZAĆ DZIECKO
W DOŚWIADCZENIE ŻYCIA, W RZECZYWISTOŚĆ.

LOGIKA MIŁOŚCI JEST ZAWSZE LOGIKĄ WOLNOŚCI,
A JÓZEF POTRAFIŁ KOCHAĆ W SPOSÓB NIEZWYKLE WOLNY.

SZCZĘŚCIE JÓZEFA NIE POLEGA NA
LOGICE OFIARY Z SIEBIE, ALE DARU Z SIEBIE.

NIGDY W TYM CZŁOWIEKU NIE DOSTRZEGAMY
FRUSTRACJI, A JEDYNIE ZAUFANIE.

KAŻDE DZIECKO ZAWSZE PRZYNOSI ZE SOBĄ
TAJEMNICĘ, ZUPEŁNĄ NOWOŚĆ,
KTÓRA MOŻE BYĆ UJAWNIONA TYLKO Z POMOCĄ OJCA,
KTÓRY SZANUJE JEGO WOLNOŚĆ.

CELEM TEGO LISTU APOSTOLSKIEGO JEST WZBUDZENIE WIĘKSZEJ MIŁOŚCI DLA TEGO WIELKIEGO ŚWIĘTEGO, ABYŚMY BYLI ZACHĘCENI DO MODLITWY
O JEGO WSTAWIENNICTWO I DO NAŚLADOWANIA JEGO CNÓT I JEGO ZAANGAŻOWANIA.

NIE POZOSTAJE NIC INNEGO, JAK TYLKO BŁAGAĆ ŚW. JÓZEFA O ŁASKĘ NAD ŁASKAMI: O NASZE NAWRÓCENIE.

DO NIEGO KIERUJEMY NASZĄ MODLITWĘ

WITAJ, OPIEKUNIE ODKUPICIELA,
I OBLUBIEŃCZE MARYI DZIEWICY.
TOBIE BÓG POWIERZYŁ SWOJEGO SYNA;
TOBIE ZAUFAŁA MARYJA;
Z TOBĄ CHRYSTUS STAŁ SIĘ
CZŁOWIEKIEM.

O ŚWIĘTY JÓZEFIE, OKAŻ SIĘ
OJCEM TAKŻE I NAM,
I PROWADŹ NAS NA DRODZE ŻYCIA.
WYJEDNAJ NAM ŁASKĘ,
MIŁOSIERDZIE I ODWAGĘ,
I BROŃ NAS OD WSZELKIEGO ZŁA. AMEN.

APOSTOLIC LETTER IN POLISH

ARE THE TEXTS CHANGED TO ADAPT THEM TO
THE COMIC?

NO. WE BELIEVE THAT IT IS IMPORTANT AND
FUNDAMENTAL NOT TO CHANGE THE TEXTS OF THE
MAGISTERIUM OF THE HOLY CHURCH. THE COMIC
PRESENTED HERE IS BASED ON COPYING AND PASTING
THE MOST FUNDAMENTAL PARTS OF THE TEXT.
NOTHING IS INVENTED. NOTHING IS CHANGED.

ARE THEY USEFUL TEXTS?

THE TEXTS THAT COME OUT OF THE VATICAN ARE
EXTREMELY USEFUL. THERE ARE TEXTS THAT ARE
AUTHENTIC TREASURES. FOR EXAMPLE HUMANAE
VITAE OR DEUS CARITAS EST,
THEY ARE NOT THE ONLY ONES.